にんげん万歳！

高橋まゆみ

愛と哀の人形世界

清流出版

ようこそ、高橋まゆみの「創作人形の世界」へ

人形創りのおもしろさに夢中になった日々

子育てに追われながら、パート勤めをしていた二十数年前、私はたまたま立ち寄った手芸店で、粘土の塊からかわいらしい人形の顔ができるところに出合いました。「へぇー、おもしろい！」と、強く気を惹かれた私は、さっそく通信教育で

人形製作を学び、早朝に一時間、帰宅して一時間、みんなが寝静まってから一時間と、仕事と家事の合間を縫うようにして人形創りに励みました。

最初はピエロや魔女といった個性的な人形や、架空のキャラクターが中心でしたが、そのうち、好きな作家を意識するようになりました。なかでも心惹かれたのは与勇輝《あたえゆうき》さんのピュアな感性が伝わる作品。どうにかして与さんの人形に近づきたくて、あらゆる材料を使って試してみました。そうして一人でさまよいながら、ようやく気持ちに技術が追いついてきた頃、テーマを探す目線も身近なものへと移っていったのです。

私の住む信州飯山《いいやま》は、山々に挟まれた千曲川の流れる田園地帯。美しい風景とおいしい野菜が自慢です。今でこそ、どっしりとこの土地に根を下ろしていますが、最初は、町育ちの私には戸惑うことばかり。いろいろな葛藤がありました。

パート勤めを辞めて、人形創りを仕事にしようと決めたの

は、私の人形が少しずつ売れるようになったからです。田舎のことですから、人形作家といっても周囲にはなかなか理解してもらえません。中途半端にはできないという気負いや、夫の両親との同居、私の両親の病気のこと、それに子育てと、いろいろなストレスが重なって、追い詰められたような精神状態が続きました。

お年寄りの姿に、創りたいテーマが見えてきた

そんな頃、一体のおばあちゃんの人形を創りました。アトリエに入るといつもそのおばあちゃんが座っていて、語りかけてくれます。「何をそんなにカリカリしているの?」と。それだけで私の心は慰められ、優しい気持ちにさせられました。自分が創った人形に癒やされ、助けられたのです。

窓を開けて外を見ると、おじいちゃん、おばあちゃんが農作業をしています。その格好や仕草がきらめいて見えました。お年寄りって、なんて表情豊かなんでしょう。ニカッと笑っ

た歯かけのおじいちゃん、曲がった腰つき、ゆっくりした動作……。心をすませてみれば、暮らしの中に創りたくなる光景がいっぱいありました。

陽信孝《みなみのぶたか》さんの著書『八重子のハミング』との出合いも、大きかったと思います。陽さんご自身、幾度もがんの手術をされているのに、十二年もの間アルツハイマーの奥様に寄り添い、最後まで看病を尽くされました。お二人のまなざしに心揺さぶられ、ここからも創りたい人形が生まれました。

ここに紹介する作品は、月刊『清流』に、二年間にわたり連載したものです。また、多くの人形たちは、『故郷からのおくりもの』と題した人形展のために全国をまわっていますので、どこかでお合いになった方も多いことと思います。この本をめくって、好きな人形たちと存分に語らっていただければ、これほどうれしいことはありません。

目次

にんげん万歳!

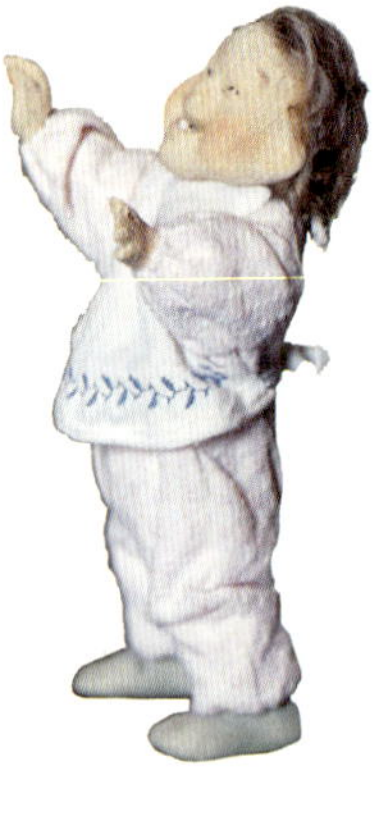

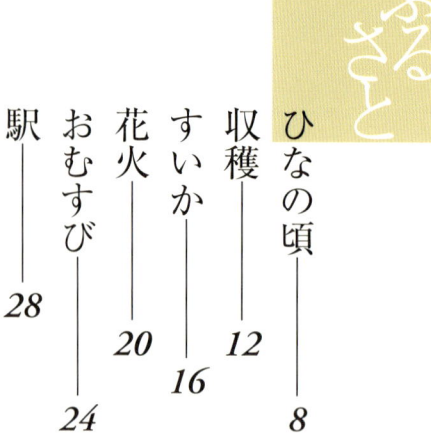

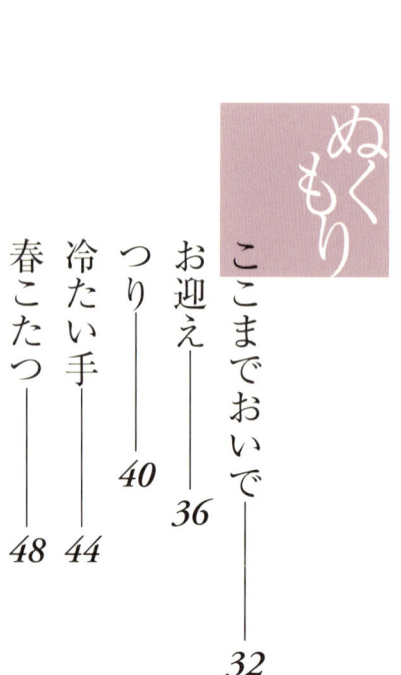

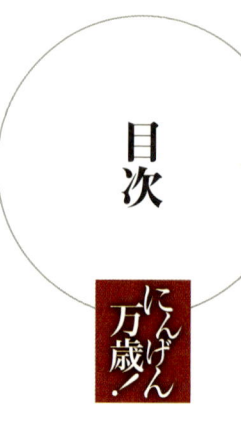

きずな

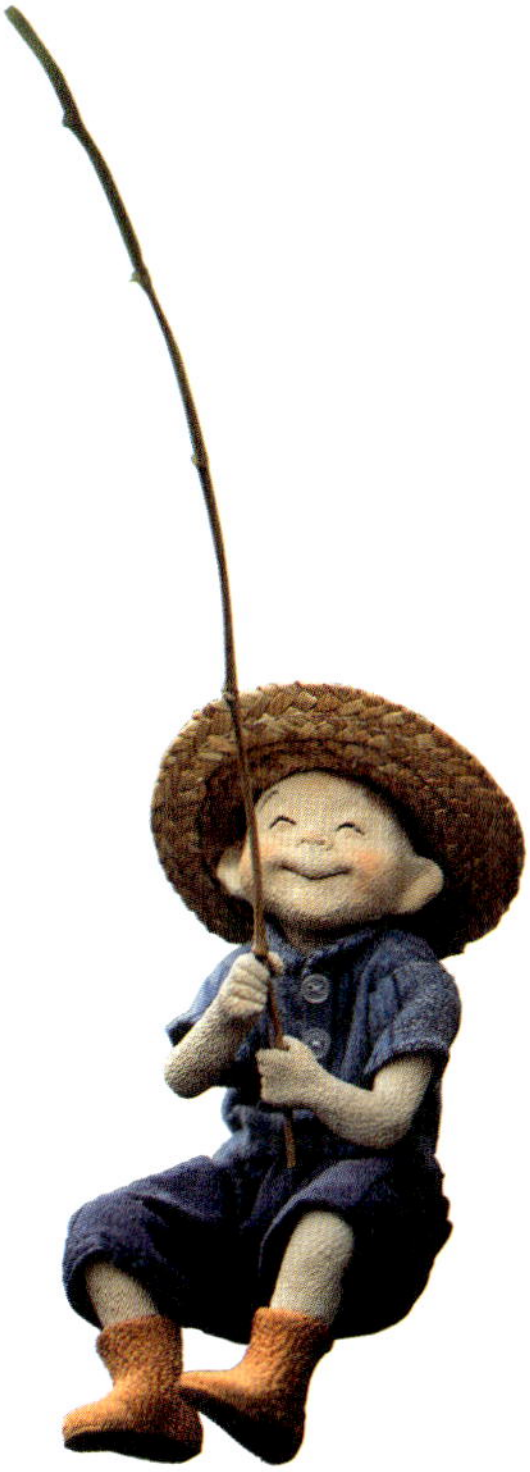

母

招福

装幀・本文設計◎日戸秀樹

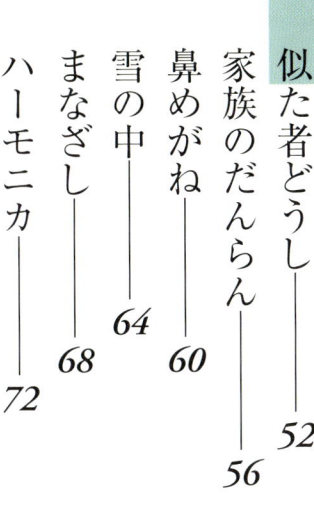

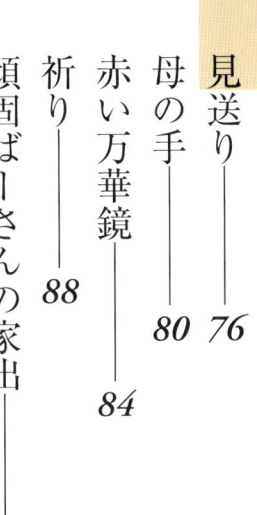

ふるさと

田畑の広がる美しい里山
ゆったりと時間が流れる
懐かしい故郷
そこには、待っている人がいる

にんげん万歳！

【ひなの頃】

孫娘の　節句の祝いに
花の枝
照れ笑いに　愛がある

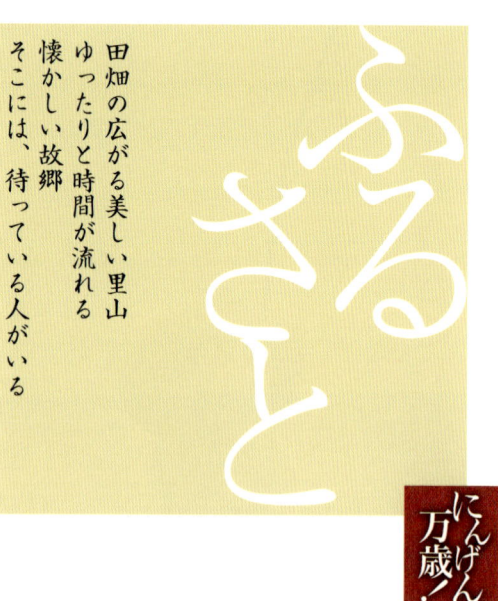

【ひなの頃】

　ぽとん、ぽとん、じゅわっ、じゅわっ……雪解けの音が聞こえてくると、私は雪の残るあぜ道を踏みしめ、ワクワクしながら畑に出てみます。案の定、雪の下からうす緑色のふっくらしたふきのとうが！

　地表は冬枯れの季節でも、土の中では着々と芽吹きの準備が進んでいるんですね。

　見上げれば山の色はいつのまにか青っぽくなっていて、山の木の芽もふくらんでいるよ、と教えています。

　そんな春の到来の中でもいちばんうれしいのは花の色。まず、黄色い福寿草がパッと開き、赤い椿が華やかさを添えます。次に、紅白の梅のつぼみがほころんで、い〜い香り。

　ここ、信州飯山のひなの頃は、そんなふうで春まだ浅く、桃の花も菜の花もないのだけれど、気分は日に日に晴れてきて、体も活動開始です。

うごめき始めた大地に誘われ、おじいちゃんは孫娘の節句の祝いにと、花の枝を切ってきました。女の子のかわいがり方はよくわからないと言いながらも、孫のために何かしてあげたいという気持ちはいっぱい。

「おらに花なんて似合わねぇな」と、照れ笑いしている表情に、おじいちゃんのまっすぐな愛を感じてもらえればと思います。

それにしても、おじいちゃんって、なんてかわいらしく、おかしく、やさしいんでしょうね。そして、厳しい冬を乗り越えてきた大地のような力強さもあるのです。

ちなみに、飯山のような豪雪地帯の野菜が甘くておいしいのは、冬に水分をたっぷり吸った土のおかげだそうですよ。

【収穫】

大きな青空　土の香り
思い通りの豊作に
満面の　笑みがこぼれる

【収穫】

飯山に嫁にくるまで、畑仕事とは無縁でした。でも、とれたて野菜のみずみずしさ、おいしさを知ってしまうと、自給自足の生活っていいな、いずれ私もお百姓のまねごとをしたいな、と思わずにはいられません。

畑仕事の最終目標はなんといっても収穫です。晴天の下で野菜や芋を収穫する喜びを作品にしてみました。

芋づるを引っ張ると、土の中でふくふくと太ったお芋がコロコロと出てきます。このシーンは作業が一段落して、ほっと一息ついたところ。思い通りの豊作に、おじいちゃん、おばあちゃんの顔には、満面の笑みがこぼれます。近所の人たちも加勢にきて、畑で抜いてきたばかりの大根やにんじんを自慢げに持ち寄り、ちょっとしたお祭り気分です。

人形たちの衣裳にもご注目ください。古い絣や縞柄の布で作った上っぱりやエプロンを着せると、すてきなお百姓ファッションに。ほっかむりした手ぬぐいは、使い古して捨てる寸前のものを利用しました。お日様のいい匂いがしてきませんか?

本当は、芋ほりは夏の終わりの仕事ですが、初夏の頃、わずかに雪をかぶった山が見える飯山の畑に、この人形たちを並べてみました。澄んだ空気、大きな青空、土の香りを感じとっていただけたら、と思います。

ちなみにわが家はアスパラ農家。五月、六月は収穫、選別、出荷に追われ、猫の手も借りたいほど。ふだんはおじいちゃん、おばあちゃんに頼りっきりのお百姓仕事ですが、このときばかりは私も「猫の手」です。

【すいか】

夏休み　セミの鳴き声　麦わら帽子
お天とさんに　甘ーくしてもらった
真っ赤なスイカ

飯山の夏はとてもさわやか。それでも、日中は太陽の光がサンサンと降り注ぎ、夏の野菜たちをおいしく育ててくれるのです。

汗をかきかき、みんなで畑仕事をしていると、おばあちゃんが「一服しねかぁ」といってスイカを抱えてきます。夏の水分補給には、甘ーく熟したスイカがいちばん。鍬でちょっとキズを入れるとパカンと割れて真っ赤な果肉が！　サラッとした甘みでのどの渇きを潤すと、またまた元気が出てきます。

この作品は、夏休みに都会から遊びに来た孫たちが、畑でとれたスイカにかぶりついているところ。ケーキやアイスクリームとは違ったおいしさに、二人の笑顔が弾けるよう。なんたって、きれいな空気と水分をいっぱい吸い込んで、お天とさんに甘ーくしてもらったスイカだもの。

【すいか】

麦わら帽子をかぶって日がな一日、広い野原を駆けまわり、思いっきり遊べる田舎での夏休み。何かとうるさい親の代わりに、やさしいおじいちゃん、おばあちゃんがいて、子どもたちはいっとき解放感を味わいます。

この人形の前ではみなさん、「縁側で食べるのがおいしいのよ」「井戸水で冷やしてね」と、しばし子ども時代にタイムスリップ。照りつける日差しもセミの鳴き声も、たっぷりあった時間も、友だちだったあの頃に……。

それにしても、くったくのない子どもの笑顔を創ったつもりが、マンガチックになってしまうのはなぜ？ 「かわいい」という気持ちが先に出てしまうのかな。年月を重ねるごとに、この二人の子どもの表情はどんなふうに変わっていくのでしょう。

【花火】

一斉に　見上げる夜空に
いくつもの花　きらめいて
子どもの頃に　いっとき返る

【花火】

子どもの頃の思い出といえば、ながーい夏休みのこと。川遊びに虫採り、ホタル狩りと、遊びには事欠かず、退屈する間もありませんでした。

そして、夏休み最大のイベントは、なんといっても花火大会。ドーンと大きな音がしたと思ったとたん、暗闇に閃光が走り、次の瞬間にパーッと弾けて夜空に大輪の花が浮かびます。

懐かしいのは、ずらーっと並んだ屋台で綿アメやおもちゃを買ったこと。裸電球がキラキラ光ってまぶしかったなぁ。夜まで外にいられる、というだけでもワクワクしたものです。

わが飯山でも毎年、八月のお盆の時期に千曲川べりで花火が打ち上げられます。地元の人はもとより、お盆で里帰りした人たちも堤防沿いに大集合。夏の夜の風物詩に、おーっ！　と感嘆の声が上がります。

　この作品は、そんな光景を思い浮かべながら、花火というテーマを先に決め、個々の人形より、群像としての表現を試みたものです。「こういう人がいたらおもしろい」という発想をふくらませたら、立場や年齢もさまざまな人形が一堂に会することに――。

　すっかりくつろいでいる年寄り夫婦、若いお父さんと幼い子ども、一人でゴザに陣取っているおばあちゃんもいるし、肩を寄せ合っているカップルも。線香花火を始めた子もいます。

　こうして、大切な人たちと一緒に過ごす夏休みは、特別なもの。たとえ数日でもお盆に帰省したくなるのは、いつもと同じ顔で迎えてくれる風景がそこにあるから。改めて、家族っていいなと思えるから。なんだかホッとして、また元気になれるからなのでしょう。

【おむすび】

今日は　ぼくもお手伝い
田んぼでとれた　おいしいお米
たくさん食べて　大きくなあれ

【おむすび】

ふっくら炊けたご飯ほど、おいしいものはありません。味わうたびに、日本人に生まれてよかった！　と思います。実は、わが家のお米は自家製。家族で食べる分くらいですが、年寄り二人が一年かけて作ってくれるのです。

私が嫁に来た頃はまだ、手で田植えをしていました。手伝いましょうと裸足で田んぼに入ると、ミミズが足にまとわりついてびっくり。お昼どきになると、あぜ道にゴザを敷いて休憩です。おかずは漬け物くらいだけど、みんなで頬張るおむすびの味は最高！

田んぼの苗はどんどん伸びて、夏にはあざやかな緑の絨毯に。秋になると、黄金色に染まった稲穂の群れが風に波打ち、まばゆいばかりの美しさです。

そういうわけで、私が人形創りに本腰を入れ始め、「故郷」をテーマにしようと思ったとき、最

初に頭に浮かんだのが「おむすび」だったのです。「田んぼで食べるおむすびはおいしいなぁ」とおじいちゃんが言えば、おばあちゃんは「ほれ、たんと食べなさいよ」と、孫にすすめます。こんなほのぼのとした会話が聞こえてくる、田舎ならではの雰囲気を味わってください。

田畑の広がるここ飯山で、身近に暮らす人々を観察していると、人形にしたいテーマが限りなく浮かんできます。お年寄りの体つきにやさしさがにじみ出ていたり、シワの数ほど仏様のような悟りの境地が感じられたり。独特の重ね着だって、おもしろい素材です。

それらを通して、心の世界を描くことが私の仕事。どんな人形を創るときにも、それは同じです。だから常に心にアンテナを張って、たくさんのいい出合いを糧にしたいと思うのです。

【駅】

さまざまな　ドラマが集まり
また　旅立っていく
いつも心の中にある　ふるさと

【駅】

映画のタイトルにもなり、歌にもよく歌われるように、「駅」はさまざまなドラマを生み出す場所です。旅立つ若者を見送り、また、温かく迎えてくれるホームでもあり、たくさんの出会いや別れも見てきたはず。朝な夕なに見慣れた駅舎の風景も、旅人の目には新鮮に映ります。

この作品は、そんなプラットホームの群像です。舞台は、わが家の近くにあるJR飯山線・信濃平。いつもは無人の、小さな待合室のある駅を思い浮かべながら、登場人物を決めていきました。

熱心に本を読んでいる女学生は優等生風。ちょっとおしゃれをしてベンチに腰をかけている老夫婦は、フルムーン旅行に出かけるところ。そうそう、遠距離恋愛中で、別れを惜しんでいるカップルもいる。泣きそうな顔をした母親は、辛いことがあって里帰り……などと、イメージがどんどんふくらみ、にぎやかな駅になりました。

持ち物や衣装にも凝ってみました。登山の格好をした夫婦には、地図が必需品。本物そっくりのリュックは、ポシェットを作り替えたものです。小道具を持たせると、人形に動きが出てきます。さあ、もうすぐ電車が到着。それぞれの目的地へ出発です。

春は旅立ちの季節。ですが、遠くに行っても行かなくても、人は毎年、何かしら新しいできごとに出合い、刺激を受けて成長していくものです。

私はこれまで七年間、全国各地で人形展を開いてきました。初めて訪れる町との出合いはとても新鮮で、ワクワクする体験もたくさんありました。一方、至らない点にも気づかされ、じゃあ、次はこうしよう、ああしてみようと試行錯誤しながら、一歩一歩進んできました。

人生はいつも新しい学びへの旅。でも、懐かしい故郷がいつも心にあるから、辛いときには慰めてくれるから、人は精一杯がんばれるのでしょう。

日々新聞

ぬくもり

その手、その顔、その仕草に
幼い子をいつくしむ心が見える
年寄りたちの
あったかい懐がある

にんげん万歳!

【ここまでおいで】

やっと歩けた　喜びいっぱい
ヨチヨチ歩きで　進んでいこう
そばで　見守っているからね

33

【ここまでおいで】

最近は共働きの家庭が多くなりました。田舎暮らしの私の周囲では、働きに出ている若いお母さんの代わりに、お年寄りが子守をしている光景をよく目にします。どのおじいちゃん、おばあちゃんも満面の笑みを幼い子どもに注ぎ、いとおしくてたまらないようす。それでいて余裕が感じられるのは、人生の先輩としての貫禄でしょうか。

私自身、夫の両親と同居していちばんうれしかったのは、おじいちゃん、おばあちゃんが孫たちを目に入れても痛くないほどかわいがり、大きな愛情で包んでくれたことです。

そんな中でとても印象的だったシーン、子どもが初めて一歩を踏み出したときの喜びを作品にしてみました。

両足を踏ん張った姿勢から、両手をまっすぐに伸ばしてバランスをとりながら、ヨチヨチと歩き出す子ども。それをうれしそうに迎えるおばあちゃんのやさしい手。このほどよい距離感の中に、無償の愛を感じてもらえればいいな、と思いながら創りました。

子どもは、大好きな人がそこにいるからこそ、安心して一歩を踏み出し、歩けたときには声を立てて喜びます。

こうして子どもは、周りの大人たちの愛情に見守られて成長していくもの。なのに、どこで間違えてしまったのでしょうか、考えられない悲しい事件がニュースで流れるたびに心が痛みます。人は一人では生きられません。人と出会い、人に助けられて、共に在ることを肝に銘じたいと思うのです。

子どもたちがこれからたどる長い道のりには、辛いこともたくさんあるでしょうが、それが夢へと続く道であってほしいと願ってやみません。

【お迎え】

かわいい孫の　ためならば
雨道ぬかるみ　なんのその
傘持って　学校へ

【お迎え】

「午後から雨になるよ」と言うのに、傘を持たずに飛び出して行った子どもたち。下校時間になると案の定シトシトと降り出してきました。母親の私は「少しぐらい困ったほうが本人のため」と、無視を決め込んでいるのに、あれっ、いつのまにかおじいちゃんの姿が見えません。そういえば何だかそわそわしていたから、きっと傘を持って学校へお迎えに行ったのでしょう。——もう十年以上前、子どもたちが小学生だった頃の光景です。

　うちのおじいちゃんにとって、私の子どもたちは内孫。同居していることもあって、格別な思い入れがあるようです。いつも晩酌のときには、自分のあぐらの中にすっぽりと子どもを抱いて呑んでいました。口癖のように「おら家のお宝」と言いながら。

あんまり甘くされると困るなー、と眉をひそめることもあるけれど、年寄りのやさしさを否定できるはずもありません。親は親の役割をまっとうするべく、ときには子どもに対してケンカ腰になってしまうけれど、年寄りは年寄りの出番があって、思いやりやぬくもりを肌で、仕草で感じさせてくれる。子どもにとって、そういう思い出こそ一生の宝物だと思うのです。

このおじいちゃんの人形では、腰の曲がり具合ににじみ出る年輪とやさしさを表現しようと試みました。とぼとぼと雨道を歩く後ろ姿は一見わびしく見えますが、決して孤独ではありません。孫のためにしてあげられることがうれしくて、おじいちゃんの心は満ちたりています。かがみ腰でもひたむきなこの格好に、自分の作品でありながらグッときてしまう私です。

【つり】

大きな背中と　小さな背中
座っているだけで　心がかよう
楽しい時間が　ゆっくり流れる

【つり】

父親が息子に託す思いには特別なものがあるようですが、それに負けないくらい深いのが、おじいちゃんの、男の子の孫に対する愛情。父親はときに厳しくもありますが、おじいちゃんとなると、ただただ孫がかわいくて、目尻が下がりっぱなしです。

野球やサッカーはお父さんにまかせるとして、おじいちゃんは「息子に教えた釣りを今度は孫に」と、道具をかついで池や川に連れて行きます。

ええ、釣れなくてもいいんです。二人でこうして釣り糸を垂らしているだけで楽しいんですから。言葉数は少なくても並んで座っていれば、幸せな時間がゆっくりと流れます。

この人形は、実は二代目。八年くらい前、地元で展示会を開いていたときに一人のおじいさんが見え、譲ってほしいと言われました。でも、次の

個展が決まっていたので少し待ってもらうことに。次の会場に一番乗りで、にこにこしながらやって来られたその方に買ってもらったのが、初代です。

　数年後、家族の方から手紙が届き、おじいさんが亡くなられたこと、とても人形を大切にしておられ、今でも飾ってあることを知りました。

　この人形をどこかの会場で見る機会があったら、ちょっと後ろのほうへ回ってみてください。大きな丸い背中と小さな背中が並んでいるのがなんとも微笑ましく、ほのぼのとした雰囲気。自分でもそう感じて、思わず笑みがこぼれます。男同士っていいな、なんて。

　子どもの頃の思い出は？　と聞かれて、パッと目に浮かぶような、そんな心に残るシーンを切り取ることも、私の仕事の柱となるテーマのひとつなのです。

【冷たい手】

あれまあ　こんなに冷たくなって
ばあちゃんの　ふところで
あっためて　あげようね

【冷たい手】

冷たい空気がキーンと張りつめた冬の日。外から帰るとまず、かじかんだ手をぬくめます。息をかけたりこすったり、ストーブに手をかざしたり。そうしているとなぜか、遠い記憶がよみがえってきます。

雪遊びでもしてきたのでしょう、赤いほっぺをした子どもの私は、冷たくなった手を母の手で温めてもらい、すっかり甘えん坊顔に……。

今は部屋の暖房がきいているし、蛇口をひねればお湯も出るので、そんな必要はないのかもしれません。けれども、わが家のおばあちゃんは孫たち（私の子どもですが）に、やっぱり同じようなことをしてあげていました。

かわいい孫の冷たい手に、ハーッと息を吹きかけ、「あったかくなあれ」とやさしくこすり、自分のふところに入れて肌で温めるのです。あ、これがぬくもりなんだな、と思いました。

　肌のふれあいは心のふれあい。おばあちゃんには、孫のためには自分の身を削っても、という気持ちがあふれています。だから、自然にサッと手が出るんですね。

　どんなに便利な時代になっても大事にしたい人肌のぬくもりを、みんなの記憶に留めてもらいたくて、この人形を創りました。ぬくもりを知っている子どもはきっと、他の人にもやさしくしてあげることができるでしょう。

　さて冬の間、畑仕事はお休みですが、うちのおばあちゃんはこたつに入って、何かしら手仕事をしています。毛糸のセーターをほどいたり、それを継いでチョッキを編んだり。人の手はいろいろなものを創り出し、ときには心の内を表現する、エライものです。

【春こたつ】

春まで日がな　こたつ番
まったりじんわり　幸せ気分
でも　そろそろ　畑が恋しいな

【春こたつ】

ここ飯山は雪深いところです。多いときは四〜五メートルも積もるほど。すぐに雪下ろしをしないと屋根がつぶれてしまうし、常に家のまわりの雪を片づけておかないと、家から出られなくなってしまいます。

その代わり、冬の間は畑仕事がありません。うちの年寄り二人は、雪かき以外はやることがなくて、日がな〝こたつ番〟です。飯山に春が来るのはカレンダーより遅いので、お百姓は雪がとけるまで冬休み。

お茶を飲んだり、みかんを食べたり、うたた寝をしてみたり。こたつ布団に胸まで埋もれ、背中をまあるくして、「もうじき春だなー」「今年は畑で何作ろうか」なんて話をぽつりぽつり。若い頃

の話もしているのでしょうか？

うちの年寄り夫婦はとにかく仲がいいんです。おばあちゃんは十七歳でお嫁に来て、短気でいばりん坊のおじいちゃんにずいぶん気を遣ったらしいけれど、今ではおじいちゃんもすっかり丸くなって、ケンカもせず一緒にお百姓をやっています。

ところで、こたつって不思議な家具ですよね。寒い地方の田舎では、暖かくなってもこたつをしまいません。うちでもそう。桜の頃の花冷えや、梅雨どきの冷えも、こたつがあれば凌げます。ほかに暖房器具がなかった頃の名残でしょうか。

足元からじんわり温めてくれるこたつに包まっていると、まったり幸せな気分になれるのがいいですね。

雪解けとともに近づいてくる、春の足音に耳を傾けていた二人は、そろそろ畑が恋しくなってきたようです。やっぱり、明るい春が待ち遠しい！

きずな

どんなときも
ともに歩んできた道のりだから
ともに笑える今がある
ほどけない糸でつながっている

にんげん万歳!

【似た者どうし】

いつも　いっしょにいれば
笑顔が似てくる
長生きしている　おかげかな

【似た者どうし】

私の作品には、おじいちゃん、おばあちゃんが頻繁に登場します。お年寄りを見ていると、ふとした表情や何気ない仕草の中に、創りたいテーマがたくさん見つかるのです。

これは素直に「お年寄りの笑顔っていいなぁ」と思って創った夫婦の人形。おじいちゃんのひょうきんさ、話しぶりのおもしろさに、おばあちゃんもつられていい笑顔を見せています。

だけど、この年代のおじいちゃんは基本的には亭主関白です。若い頃は、奥さんがどんなに忙しく働いていても、知らん顔して酒呑んで、いばってばかり。それが歳をとると夫婦の立場が逆転するのか、おばあちゃんに文句を言われてもニコニコしています。

夫婦の人生にはひとつの到達点があって、そこに近づくにつれ、お互いに空気のような存在にな

るのでしょう。

また、この人形は衣装を見てもわかる通り、田舎のお百姓夫婦。わが家の年寄りがモデルです。

うちのおばあちゃんは、長年カメラの部品を組み立てる工場で働き、おじいちゃんはボイラーマンとして定年まで勤め上げ、今は夫婦で畑に出ています。おばあちゃんは、「土に触れる生活に戻れて、これほどうれしいことはない」と言います。朝日とともに畑に出て昼間中働き、汗と泥を落として寝る生活こそが人間の営みの原点。いつまでも若くいられる秘訣です。

そんな中で自然にこぼれる、おじいちゃん、おばあちゃんの笑顔は、お互いになくてはならない分身のような存在だと語っています。その証拠にほら、長年連れ添った二人の顔はだんだん似てきているようですよ。

【家族のだんらん】

家族がそろう　食卓のにぎやかさが
子どもたちの　心の栄養
思い出は　絆をむすぶ

必勝

【家族のだんらん】

田舎の大家族の食事風景は、とてもにぎやか。どっさり盛りつけた大皿料理をみんなでつつきながらワイワイガヤガヤ、手も口も休む間がありません。

かつてのわが家もそうでした。家族がそろう食卓はかっこうのコミュニケーションの場。いちばん話題になるのが学校行事のことです。運動会があれば年寄りたちに「かけっこ、早かったなー」とほめられ、試験が近づけばみんなで「がんばれよー」と応援したり。あったかい言葉かけが、子どもたちの心の栄養になったと思います。

だけど、大家族の主婦は食事作りが大変です。食べ盛りの子どもに加え、親戚もよく訪ねてくるし、ご飯の量といったら一升炊いても空っぽになるほど。お客には、お茶請けにお惣菜を出すので、いつでもおでんや煮物を鍋いっぱい作っておくんです。おかげで料理が苦手だった私は、いつのまにか手早くパパッとできるようになり、レパートリーもグーンと増えました。

そのうち、三人の子どもたちが中学生、高校生になると帰宅時間はまちまちになり、夕食どきに顔をそろえる日が少なくなっていきました。そして三人とも巣立った今、大変だった頃がちょっぴり懐かしく思えます。

家族みんなで過ごせる時間は意外に短いもの。お稽古事や塾通いのために夕食を一緒にとれないなんてもったいない。心が育つ時期はもっとだんらんを大事にして！　と言いたいですね。

そこで生まれる家族の絆や幸せの芽を見逃さないで、これからも作品創りに反映していくつもりです。

【鼻めがね】

「ふむふむ　いいこと書いてあるねぇ」
「まだまだ縫い物もできるさぁ」
ひとつ空気の中にいる　穏やかさ

【鼻めがね】

人形創りでは、ときに小物が大事な役割を果たします。着せる服ももちろんですが、テーマに合った小物を持たせることで表情がパッと輝きだし、状況も伝わりやすくなるのです。

私の人形展に見えるお客さんの中には、「ミニチュアグッズ作りが好き」という手先の器用な方も多く、小物の話で盛り上がることもしばしば。そんな方のお一人から、ある日、ミニチュアの新聞が送られてきました。こんな小さな文字、どうやって書いたんでしょう。端っこがへなっとしているところまで本物そっくり！　などと感心しながら、どうしたらこの新聞が生かせるのか考えました。そしてできあがったのが、この「鼻めがね」です。

昼下がりのシーンとした時間、あるいは一日の終わりのほっとする時間、おじいさんは新聞を広げ、おばあさんは縫い物をしています。顔には二人とも鼻めがね。老眼鏡といえば素っ気ないのですが、鼻めがねだったら懐かしい響きがします。二人はそれぞれ好きなことをしているけれど、ひとつ空気の中にいる老夫婦の、穏やかな心情を感じていただけるでしょうか。

おばあさんの手元に置いた針箱はミニチュアグッズの店で見つけたもの。反物を足指にはさみ、引っ張りながら針を進める姿は、今ではめったに見られません。だからこそ、形に留めておこうと思いました。

人形に限らずモノを創る人は、時間を形にしているようなところがあります。失われつつある風景を再現するという意味でもそうですが、思い悩み、創作に没頭する時間もまた、作品にこめられているのです。

【雪の中】

雪まみれの妻を
抱きしめ　あやまり
寄り添っていこう　と心に誓う

【雪の中】

偶然の出合いに触発されて、あらたな人形が生まれることがあります。

あるとき本屋に入り、帯にあったご夫婦の写真に惹かれて『八重子のハミング』という本を買いました。著者は陽信孝さん。陽さんご自身、がんの手術を繰り返し受けながら、アルツハイマー病になられた奥様の介護をしておられ、そのようすやお気持ちを短歌とともに綴られたのでした。

その中に、帰宅が遅くなった陽さんを、降りしきる雪の中でひたすら待ち続けていた妻、八重子さんのことを書かれた文章がありました。

雪だるまのようになって泣きじゃくっている妻を見て、どんなに衝撃を受けたことでしょう。陽さんは思わず抱きしめ、何度も謝ったそうです。

そのときの切なさ、申し訳のなさ、生涯、妻に寄り添って生きていこうと決心したときの瞬間を、どうしても人形で表現したいと思いました。

その後、陽さんはご自分と奥様がモデルのこの人形と対面されて、「言葉を感じた」と言ってくださいました。

「呆ける、ぼける、という言葉の響きほどやさしいものはない」と陽さんは言います。やさしさを支えに、苦しい葛藤を経てたどり着いた夫婦の絆。会場でこの「雪の中」を見た方たちが「こんな夫婦になれたらいいね」と囁き合っているのを耳にするたび、やさしさの魔法がかかったと思うのです。

ある意味私は、理想の姿を人形に託しているのかもしれません。でも、そんな人形たちに出合って、みなさんが共感したり笑ったり、ときにはホロリとして帰ってくれるのであれば、これほどうれしいことはありません。

【まなざし】

なんてんの
雪に映えいる　庭に立つ
妻の笑顔の　静かに明かる

（陽　信孝）

【まなざし】

真っ白な雪の庭に、ひときわ紅く映る南天の実。その鮮やかなコントラストを和らげるかのように、妻は穏やかな笑みをたたえて佇んでいる……冒頭の短歌は、在りし日の妻の姿を詠んだ、陽信孝さんの歌です。陽さんの妻、八重子さんは若年性アルツハイマー病を発症しましたが、陽さんの献身的な介護によって、最後まで寝たきりにならず、命が誕生する前の世界へと帰っていきました。

妻は身近な人の名前も顔も忘れてしまい、言葉やしぐさまで赤ちゃん返りしていった。けれども、「おとうさん」のことだけはわかって頼りにし、夫が笑いかけると、愛らしい信頼のまなざしを返してくれた……。

そんなご夫妻の物語に心を揺さぶられ、お二人

をモデルにいくつかの作品を創らせてもらいました。そして私の人形創りに、精神世界の深い部分を表現するという、新たなテーマが加わったのです。

二体の人形を向い合わせてみて思うのは、二人が交わす目線に心のすべてが表れている、ということ。人形は目がいちばん大事、顔が命なのです。けれどもそれは、この人形の場合、さほど難しくはありませんでした。心が創らせてくれたのでしょうか。気がつけば一心不乱に手を動かしていました。

どんなに介護が辛いものであっても、その人の辿ってきた人生だけは否定しないで。誰にでも、やさしさを分かち合い、共に乗り越えてきたすばらしい人生があるのだから……。陽さんから受けとったこのメッセージを、私は人形を通して伝えていきたいのです。

【ハーモニカ】

吹けば記憶がよみがえり
美しい声で　楽しげに歌う妻
堪《こら》えきれぬ夜に　こだまする

【ハーモニカ】

夫の吹くハーモニカに合わせて手拍子を打ち、楽しそうに歌う妻……ちょっと不思議な光景だと思われるかもしれません。でも、じっと見ていると、やさしい気持ちになりませんか？

この人形もやはり、陽信孝さん、八重子さんご夫妻がモデルです。陽さんはがんと闘いながら、若年性アルツハイマー病を発症した奥さんにぴったりと寄り添い、十一年もの間、介護を続けられました。

八重子さんは長い間、音楽の先生をされていた方。病状がすすんでからも、懐かしい曲、好きだった曲を聞くと、美しい声で「ララララー」と、音程も確かに歌っていらしたそうです。

陽さんは、歌さえ歌っていれば機嫌のいい八重子さんのために、常にハーモニカを首から下げて歩き、いつでもどこでも吹けるようにしていました。

あるとき、ミニチュアのハーモニカを見つけた私は、この話を思い出し、さっそく人形創りに取りかかったのです。その後、陽さんのお宅を訪ね、ご愛用の渋くて小さなハーモニカを頂戴してきました。どうです、あったかい音色が聞こえてきませんか？

記憶を失い、幼子のようになった妻との日々は、自分との闘いだったと思います。堪えきれない夜もあったでしょう。でも陽さんは、決して現実から逃げることなく正面から向き合い、いつも「母さん好きだよ」と語りかけ、多くを学ばせてもらったと言います。

人形を創っているとときどき、神様からの贈り物としか思えない出合いがあります。そんなとき私は、自分の歩んできた道は間違っていなかったと、少しだけ胸を張ってみるのです。

HOHNE

母

寂しさはあまり見せずに強く生き
子の幸せだけを祈る母
たくさんもらった
やさしさを忘れない

にんげん万歳！

【見送り】

たまに会う
母の気遣い　身に沁みて
振り返れば　涙がポロリ

母親という存在は、いくつになっても特別なもの。自分自身が母親となり、二十年、三十年経っても、その関係は変わらないでしょう。

私の母はもう何年も寝たきりで、言葉を交わすことさえ叶いません。ですが、「お母さん」と呼びかけると、無言ながら娘の私を心配する母の気持ちが伝わってきて、安心感に包まれます。何かあったら必ず助けてくれる、いつも見守ってくれていると、どこかで信じているのです。

故郷を遠く離れて暮らす人も、思いはきっと同じ。離れているからこそ、たまに会う母親の、やさしさや気遣いが身に沁みるのだと思います。

子どもが帰ってくるといえば、好物の料理をこしらえ、布団を干して、冬なら湯たんぽで寝床を温めておく……。そうした行為のひとつひとつに、言葉には表せない母から子へと伝えていく心があ

【見送り】

ります。

この人形は、そんな〝日本のお母さん〟をイメージして創りました。

帰省していた子どもや孫との別れのとき。お母さんはかぶっていた手ぬぐいを握りしめ、みんなの姿が見えなくなるまで、小さく手を振っています。寂しさを漂わせた表情には、精一杯の励ましがあり、見送られるほうも、振り返れば涙がポロリと落ちそうです。

一体の人形で、こういった気持ちのやりとりが感じられ、それぞれのストーリーを重ねてもらえるのなら、作家冥利に尽きるのですが。

藍染の玉絣の上着に、白いかっぽう着。この格好で、おばあちゃんになっても労を惜しまず、こまごまと働くのが、私の理想のお母さん像です。

【母の手】

言葉はなくても　やさしい手がある
母は
どんなときにも見守ってくれる
神様のような存在

【母の手】

私の母は私が結婚する前に倒れ、二八年もの間、実家で寝たきりの生活を送っています。たまにしか会いに行けなくて、会ってもほとんど会話にはならないけれど、母の顔を見るだけで、なぜだかホッとします。この「母の手」は、そんな母と私がモデルです。

母との思い出といえば、倒れる前に一度だけ、スナックに連れて行ったことがありました。母はとてもうれしそうな顔をして、「踊ろうよ」と私の手を取り、いつになくはしゃいでいました。思えばあれが最後の親孝行だったのです。

田舎暮らしは楽しいこともいっぱいありますが、ちょっとした考え方の違いや気持ちの行き違いで、家族とぶつかることもしょっちゅう。がまんできずに家を飛び出したものの、行きつく先は結局、寝たきりの母のところでした。

グチをこぼしても言葉が返ってくるわけはなく、涙をこぼすしかなかった私は、いつのまにか母のひざで泣き寝入り。気がつくと、母は動くほうの手で、幼子をあやすように肩をなでてくれていたのです。その手のか細さ、羽のような軽さが心に沁み、その瞬間、寝たきりになっても母は母の役目を果たしているのだ、と知りました。

この作品は、ご自分の体験と同化して見てくださる方が多く、私の思いが伝わりやすいように感じます。母娘の関係は他人には計り知れないものですが、それぞれ言葉にはできない感情が流れているのではないでしょうか。

母は私にとって、どんなときも見守ってくれている心の支え、神様のような存在です。

【赤い万華鏡】

夢の世界で　いっとき遊ぶ
母の心は少し幸せ
また今度　来るからね

【赤い万華鏡】

寝たきりの母をモデルにしたのは、これが二度目です。一作目は、母のひざで泣き寝入りしてしまった私を、そっとなでている「母の手」でした。私の母は、もう長いことベッドの中で過ごしています。テレビのついた部屋でベッドのリクライニングを少しだけ起こして。ボーッとしているだけに見えますが、たまに画面に反応してちょっと笑ったりしています。

人の話を聞くことはできるし、理解もできますが、言葉が出ないのです。私が楽しそうな顔をして行くと、楽しそうな顔をし、悲しそうな顔だと悲しそうな顔をします。帰ろうとすると、とっても寂しそうな顔をするので、それが辛くてたまりません。

そんな母に何か楽しめるものをあげたいな、と思っていたとき、偶然目にとまったのが万華鏡でした。

その赤い万華鏡を母に持たせ、目に近づけてまわしてあげました。すると、びっくりしたような顔を私に向け、万華鏡に目を戻すと、今度は私に笑いかけ、またずーっと見入っていました。

キラキラと輝きながら美しい模様を描き出す、夢の世界でいっとき遊び、母の心はどんなに慰められたでしょう。もしかして気持ちだけは、幸せな子ども時代に返っていたのかもしれません。

この人形は確かに私の母がモデルですが、見てくれた方に「これは、みんなのお母さんですね」と言われることがあります。きっと、言葉ではない〝言《こと》の葉〟を人形が発していて、見る人に何かを語りかけているのでしょう。

人はみな、辛いときには心の中で母の声を聞いたり、母に話しかけたりしながら日々を乗り越え、生きている……。そんなことを、私の人形と心を通わせてくれる方たちに気づかされ、私は一歩ずつ前に進んでこられた気がします。

【祈り】

神様仏様に
ぜんぶお願いしてあるから
なーんにも心配ないさ！

【祈り】

お年寄りが祈っている姿を見ると、美しいなーと思います。心の中には、何って具体的なお願いはないのでしょうね、欲がなくてきれい。背中の丸みやふんわり合わせた両手に、神様仏様にすべてをゆだねた、安らかな気持ちが表れているようです。

私の実家には仏壇がなかったので、日常的に祈る習慣をもちませんでした。でも今は、朝いちばんに炊き立てご飯を仏様に供え、手を合わせています。すると、不思議に心が落ち着いて、気分よく一日をスタートできるのです。

いただきものがあれば、仏壇に上げてからおすそ分けしてもらい、新米の季節には収穫したお米を供えて、お礼をしたり。ご先祖様や天の恵みに感謝するのも、祈りです。

こういった良き習慣は、わが家の年寄りのまねをしているうちに、いつのまにか身についたこと。同居のメリットって、けっこうあるんですよ。

介護士をしている二女は、「施設に、いつも歌を歌っているかわいいおばあちゃんがいるの」と言って、写真を携帯メールで送ってくれたりします。かわいいと思えるのは、年寄りにかわいがられて育ったからかな。

私の人形創りの原点は、日常の中で「いいな」と思う光景を捉え、それを残していきたいという気持ち。この「祈り」はとくに、日頃、お年寄りと触れ合う機会のない若い人たちに、何かを感じてほしくて創りました。

この人形は見てくれる人みんなのおばあちゃん。おばあちゃんは、朝な夕なに手を合わせ、「こうして生かされていることに感謝するんだよ」と、無言のうちに教えてくれています。

【頑固ばーさんの家出】

ばーさんは
憎らしいほど　元気なのがいい
がまんは禁物　意地とおせ

【頑固ばーさんの家出】

昔から、嫁と姑は反りが合わないもの、と相場が決まっていました。今は、嫁のほうがしたたかなのか、姑が賢くなったのか、派手ないさかいなどは見かけません。その代わり、ひっそりと暮らしているお年寄りが増えたようで、なんだか切ない気がします。

おばあちゃんというものは、勝気で意地っ張りで、憎らしいくらい元気でいてほしい。そんな私の願いをこめて、この頑固ばーさんを創りました。いつもは嫁とうまくやっていけるように、許し合ったり、がまんしたり。でも、がまんが過ぎれば、堪忍袋の緒が切れることだってありますよね。

人が見れば吹き出しそうな格好ですが、この姿はおばあちゃんの唯一の自己主張、守り抜きたいプライドです。若い者たちの意見ばかりがまかり通り、年寄りがないがしろにされることへの抗議、とも受け取れます。

これは初期の頃の作品。目に飛び込んできたいろんな場面をどう形にするのか、試行錯誤を重ねながら、一心に取り組んだ時期でした。

おばあちゃんといえば鍋が必需品。枕を持たせたらおもしろい、いちばん大切にしているのはおじいちゃんの位牌……と、いろんなアイデアが浮かんできて、楽しかったですね。鼻の横のほくろは、自己主張のシンボルです。

ちょうど、「巡回展」がスタートした時期と重なり、ほかにはない人形を創るぞ！　という意気込みもあって、勢いのある作品になったと思います。

思いきって飛び出してはみたものの、おばあちゃんは世間が狭いから行くあてもなく、家の近くをぐるぐるまわって、結局は帰ってくるのですが。

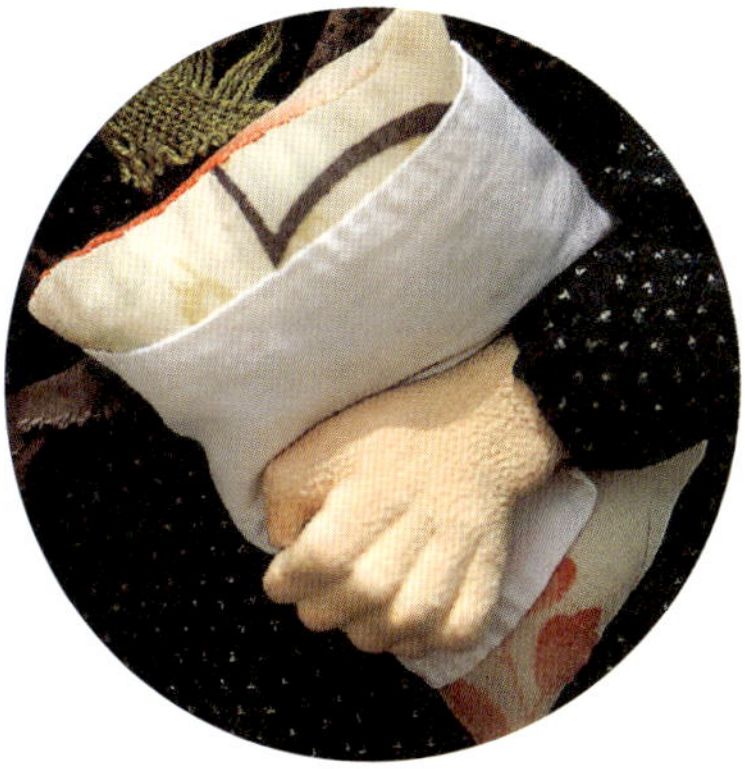

招福

昔からの行事や習慣には
幸せに、楽しく生きる
知恵がいっぱい！

にんげん万歳！

【七福神】

手を合わせれば　福を授かる
縁起もの
七つ集めて　笑顔を招く

【七福神】

私の住む信州飯山はお寺の多いことで知られる城下町です。中でもお寺が密集している道筋は「寺町通り」と呼ばれるかっこうの散策路。ここを中心とした「七福神めぐり」のコースもあり、御朱印を集めてまわるのも楽しいものです。

この、ありがたい福を授けてくれる神様は、恵比寿、大黒天、弁財天、毘沙門天、布袋和尚、福禄寿、寿老人の七人。鯛を釣っていたり、大袋を担いでいたりと、ひとつひとつに意味があってめでたくもあり、お顔も大変個性的。人形の創り手としては、大いに制作意欲をそそられます。

というわけで、七福神を創ったのですが、最初のものは人に譲ってしまい、この人形たちは二代目。飯山市のふるさと館に展示されています。

いつもの私の人形と少し趣が違うのは、七福神がいわば〝架空〟のものだから。こうした伝説上

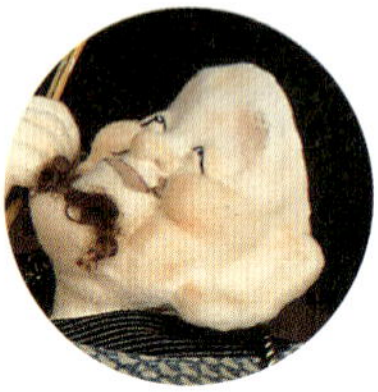

や物語性のあるキャラクターを創るときに難しいのは、参考にするものがあっても、自分のオリジナルな発想や持ち味を出さなくてはならないことです。

この場合、それぞれの神様がどんな方なのか、衣装や持ち物についても資料を調べ、七体のイメージを一挙に固めました。その勢いで今度は姿を創り、衣装の布を選びと、具体的な作業に移っていったのです。

ふだんは、色のない地味な衣装を着せることが多いので、思いっきり派手な色や柄をもってきたりと、けっこう遊びが入っていると思います。

自分自身がのびのびできたのでしょうか、お顔の表情もハジケぎみ。毘沙門天などはエキゾチックな雰囲気に仕上がって、迫力があるでしょ？縁起のいいものですから、笑って見ていただけるとうれしい限りです。

【七福神】

布袋和尚
—開運・良縁・子宝の神様

恵比寿
—商売繁盛の神様

弁財天
—学問と財福の神様

大黒天
―徳と豊作の神様

福禄寿
―福徳・長寿の神様

寿老人
―長寿・幸福・健康の神様

毘沙門天
―威厳のある勝負事の神様

1——頭部を作る

❶頭部用の石粉粘土を、綿棒（またはラップの芯など）で2～3mm厚さに伸ばす。

❷芯用の球を❶の粘土で包み、余分な粘土は切り取る。

❸両掌で転がして、きれいに丸める。

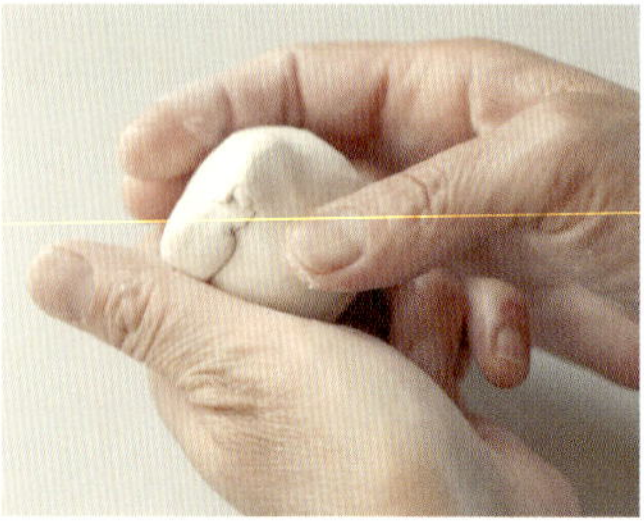

❹おでこやほお、あごになる部分に粘土を足し、なじませる。

人形の作り方

私の人形たちは、試行錯誤を繰り返しながら見つけた、オリジナルな方法で仕上げたものです。気持ちが手を動かしているところがあるので、細かい説明はできませんが、全体の流れとポイントをご紹介しましょう。

●材料

石粉粘土、頭部芯用の発泡スチロール球、アルミ針金（太め・細めの二種）、顔や手足用の布（肌色の縮緬やジャージー布）、肌着用の布、洋服用の布（ズボン・上着など）、電気ゴテ、ほお紅用パレット、木工ボンド、針と糸

ほかに、綿棒、はさみ、手芸用ヘラ、ペンチ、キルト芯、脱脂綿、竹串、目や眉を描く絵の具・筆、髪用の毛糸や布など

2——骨格を作る

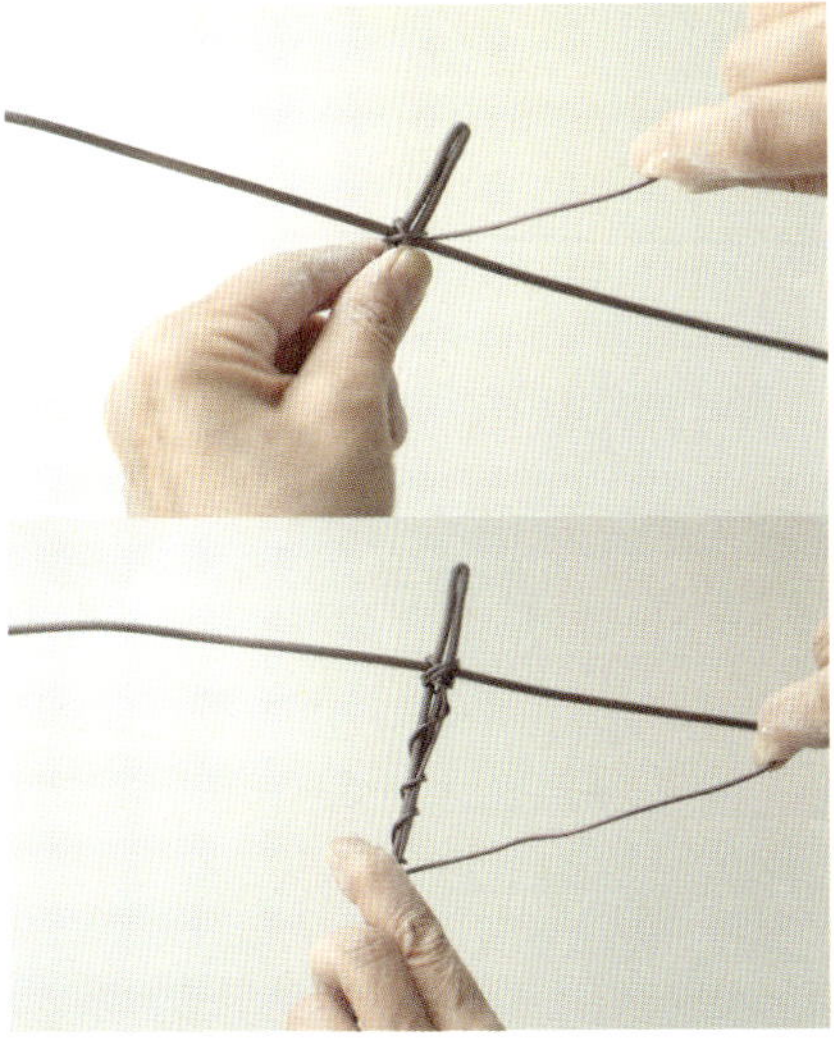

❼太めの針金を十字形に組み、中心に細めの針金を巻いて留め、残りは胴になる部分に巻きつける。

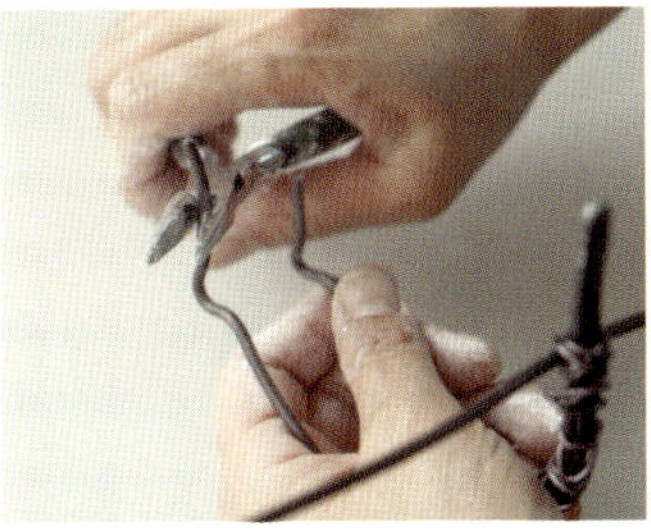

❽座高の高さを決めて針金を曲げ、足にちょうどいい長さのところで切る。

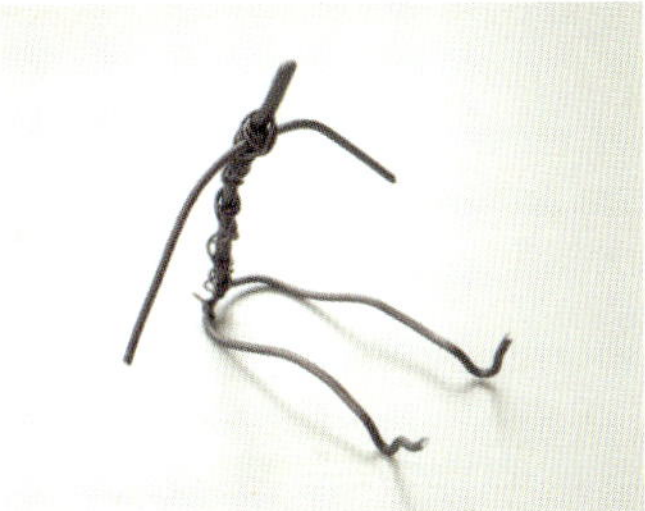

❾手も長さに切って、足先を曲げ、座ったかっこうにする。

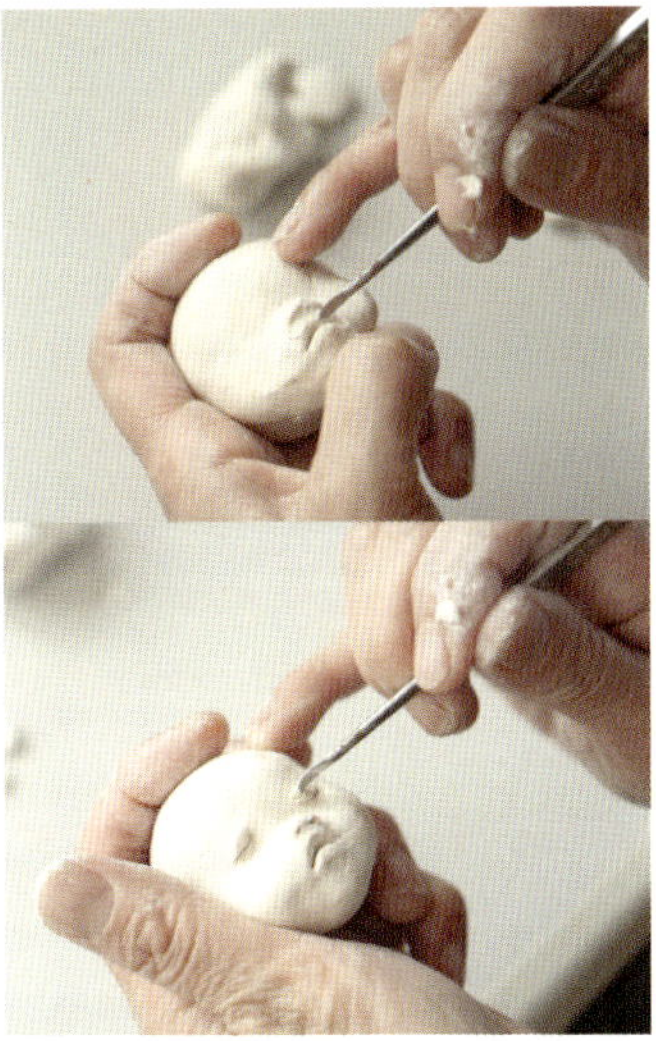

❺手芸用のヘラで鼻や口、目の形をつけていく。鼻の穴は竹串を使うとよい。

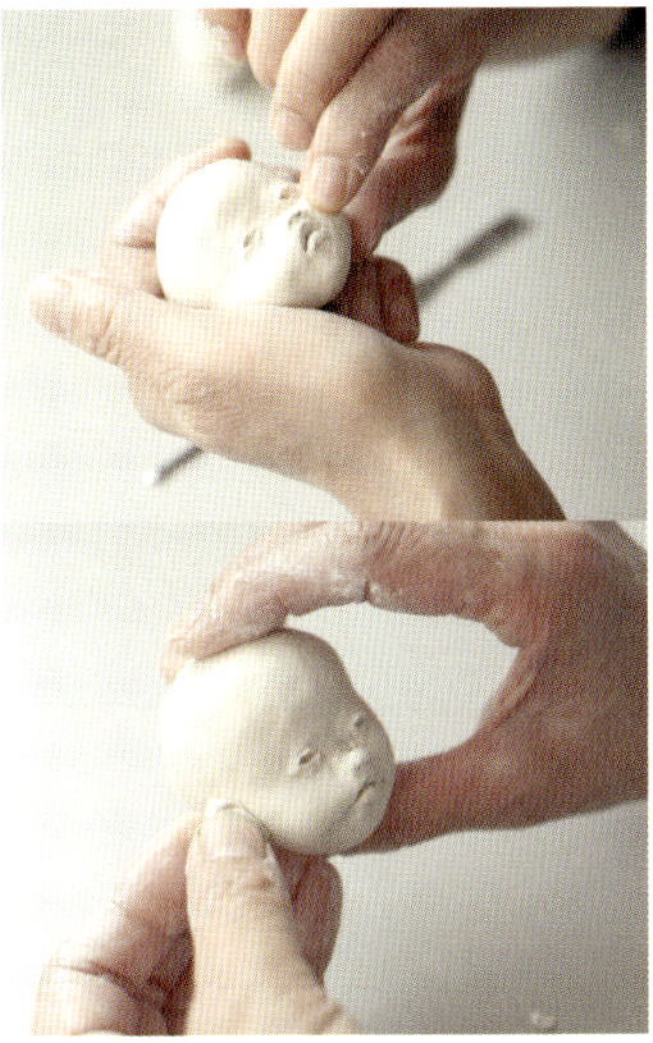

❻おでこやほお、あごの形を整え、耳は粘土を少し足して形よくつける。
これを2〜3日乾かしておく。

3 ――頭を差し込み、ボディを作る

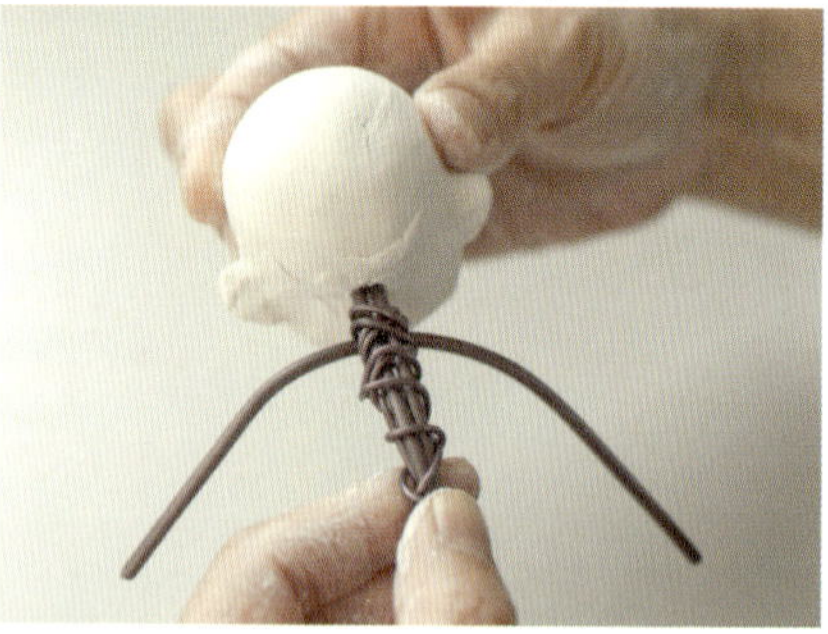

⑩粘土が乾いた頭部に、⑨の針金で作った背骨を差し込む。

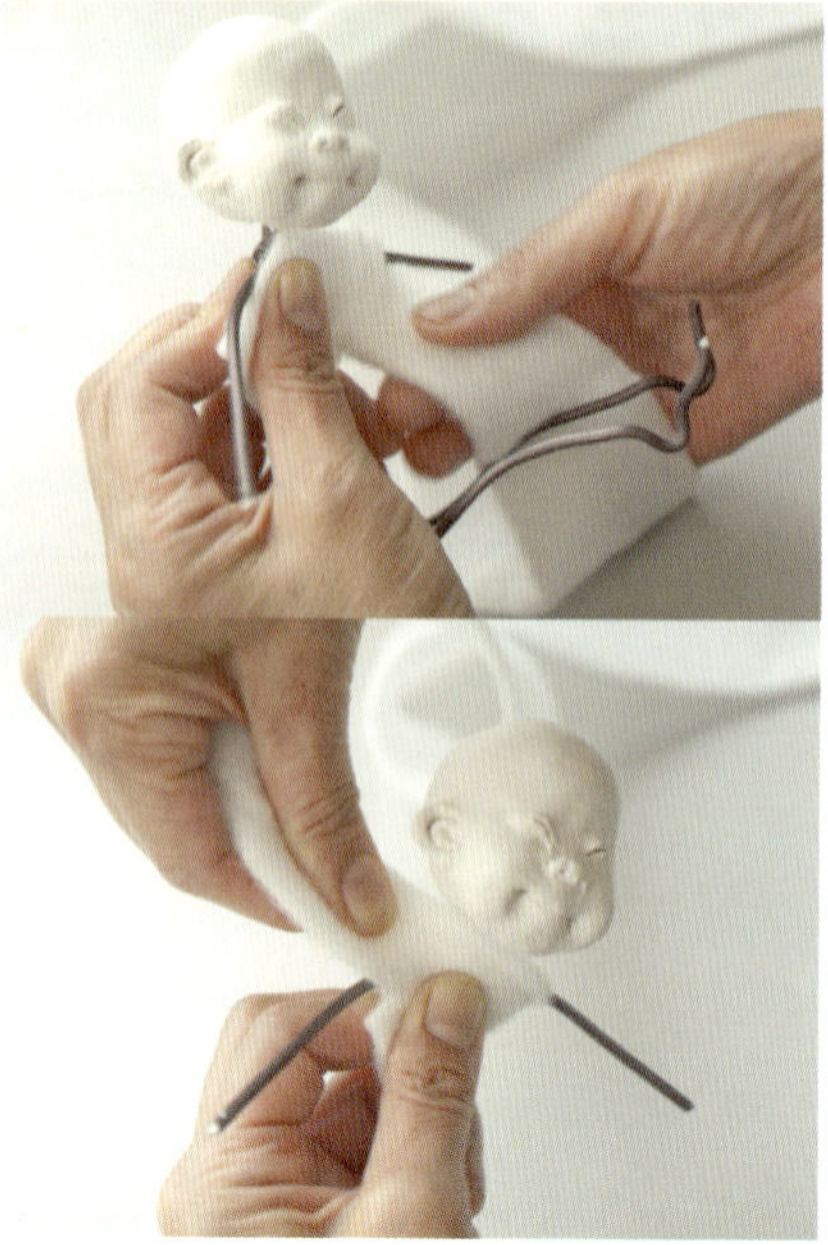

⑪キルト芯を5cm 幅くらいに切り、背骨に巻いていき、肉付けする。肩の部分はたすき掛けにしてニュアンスを出す。

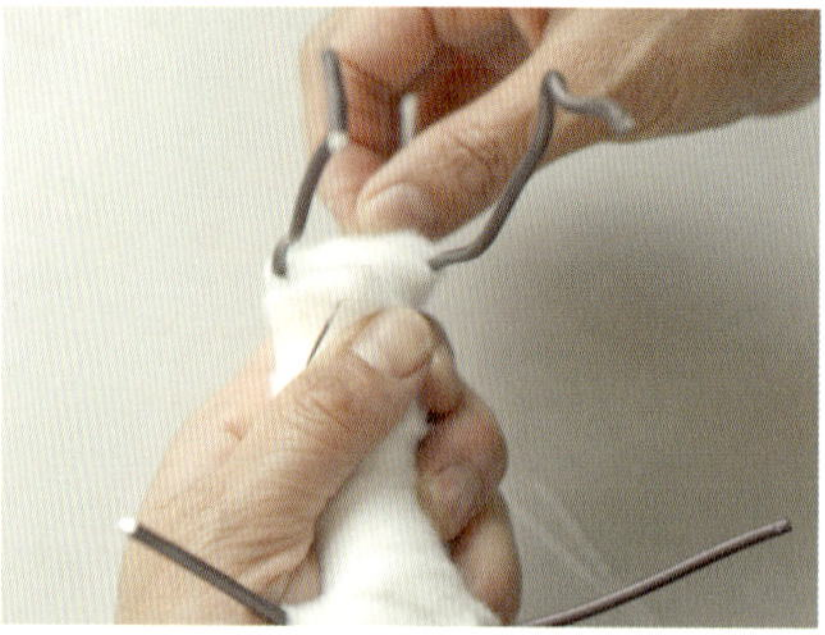

⑫股の部分は厚めに巻いて安定させる。

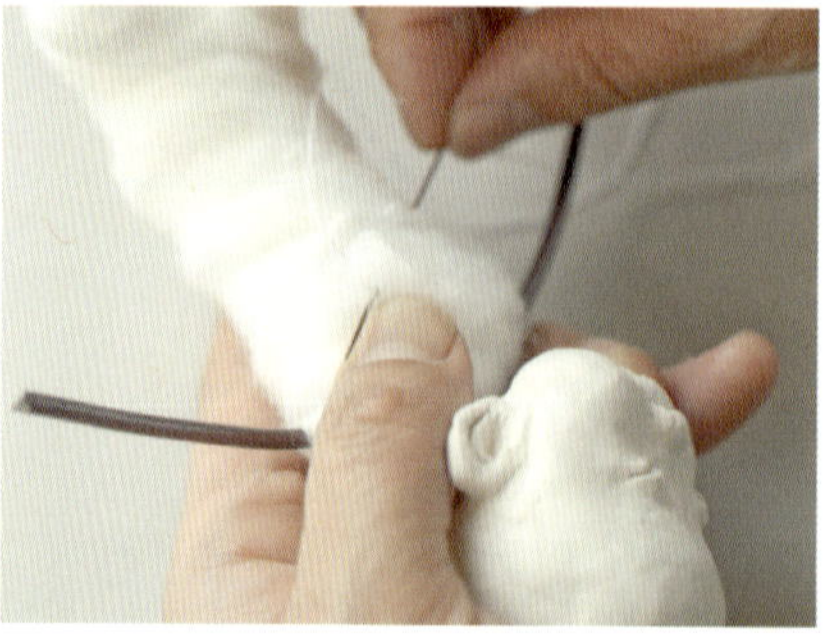

⑬巻いたキルト芯を縫い付け、ボディの形を整える。

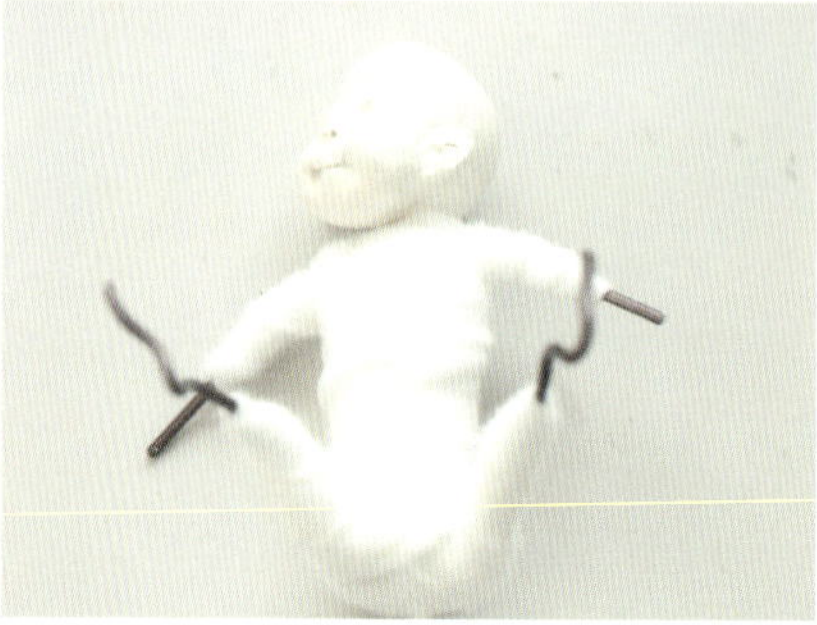

⑭腕と脚は、先を残して薄く巻いておく。

4——手足をつけて頭部を固定する

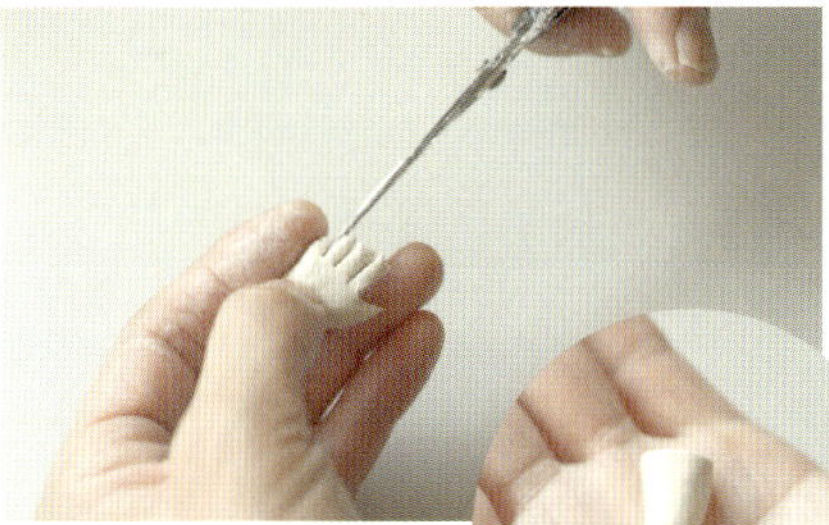

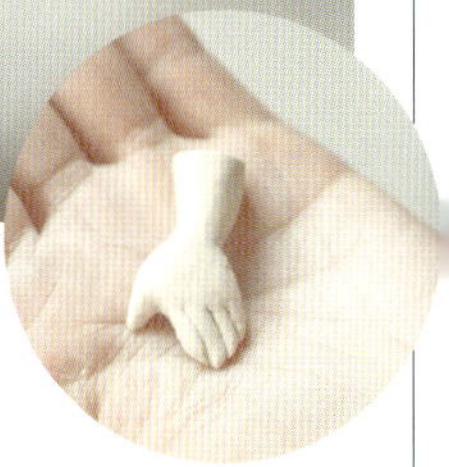

⑮少量の粘土で手を作る。指ははさみで切り込みを入れ、ヘラで形を整える。足も同様に。

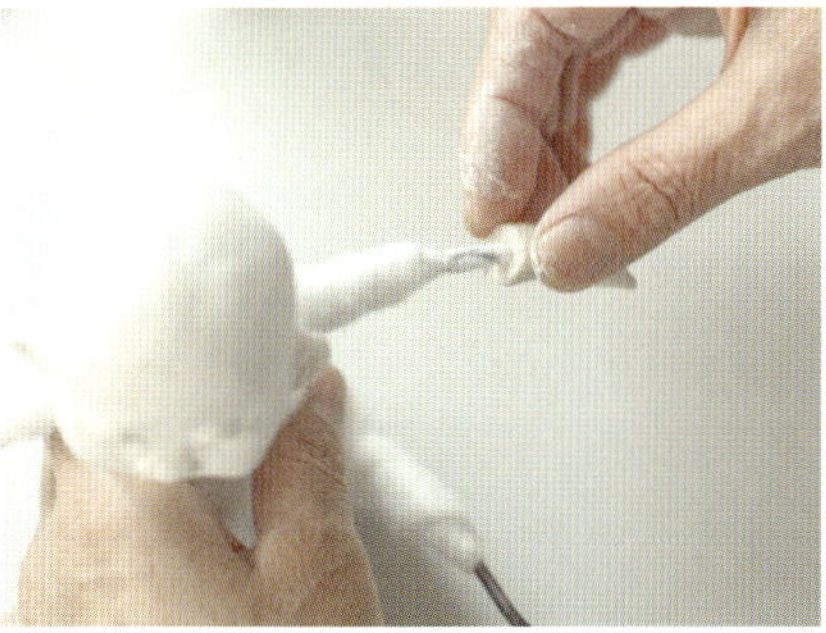

⑯露出している針金にボンドをつけ、手足を差し込んで接着する。

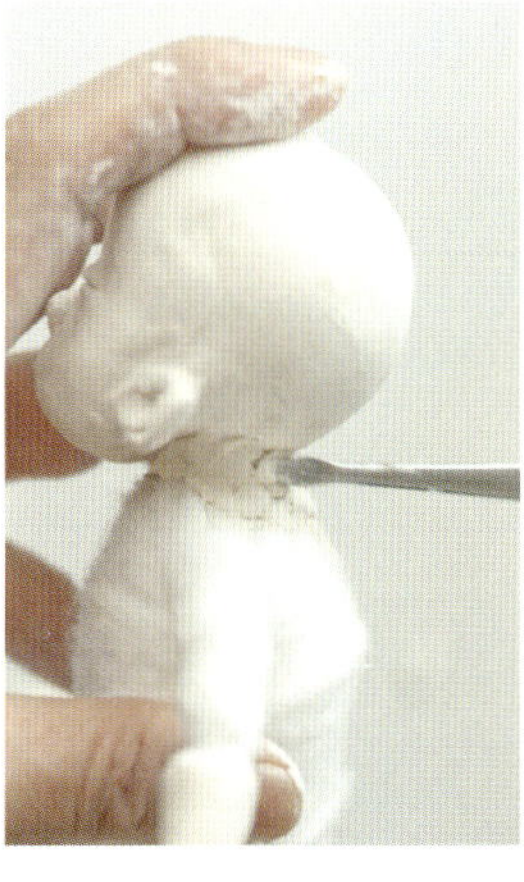

⑰頭部とボディの継ぎ目に粘土を足してなじませ、固定する。首を少しかしげたようにするとかわいい。腕が細いようだったら、脱脂綿を足して補正する。

5——顔に布を貼る

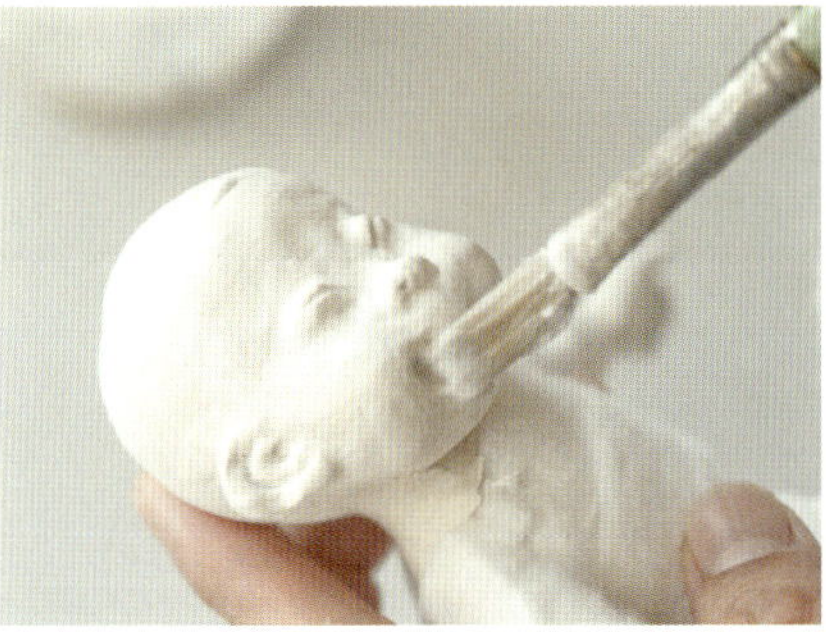

⑱頭部に薄めたボンドを塗る。

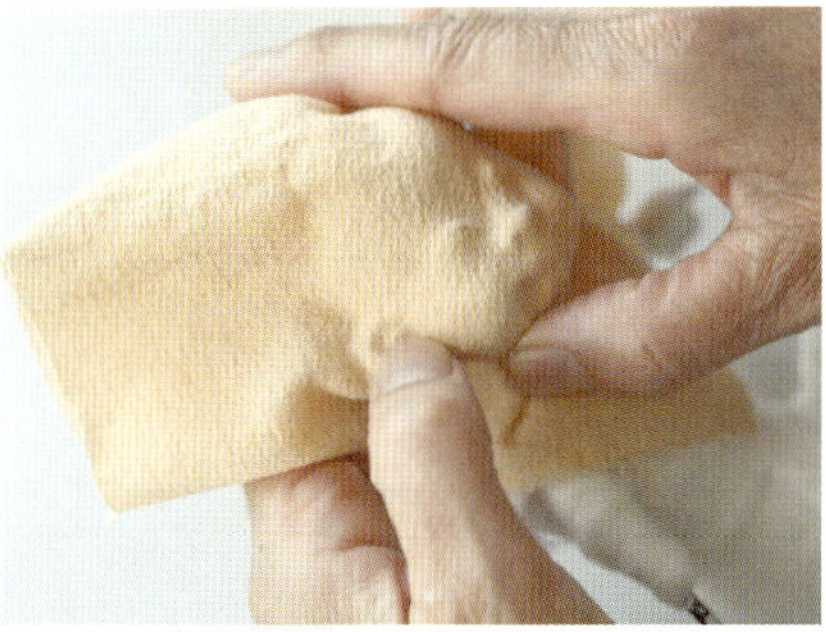

⑲顔に肌色の布を貼り、ぴったりつくように指でなじませる。

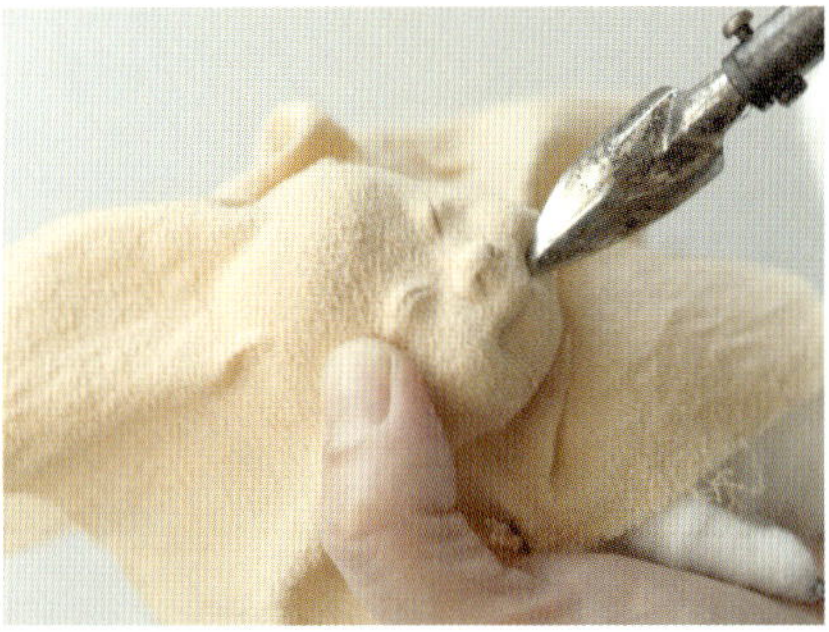

⑳目や鼻、口元など細かいところは電気ゴテで押さえる。残りの布で頭部をすっぽり包み、余分は切り取る。

6——顔を描く

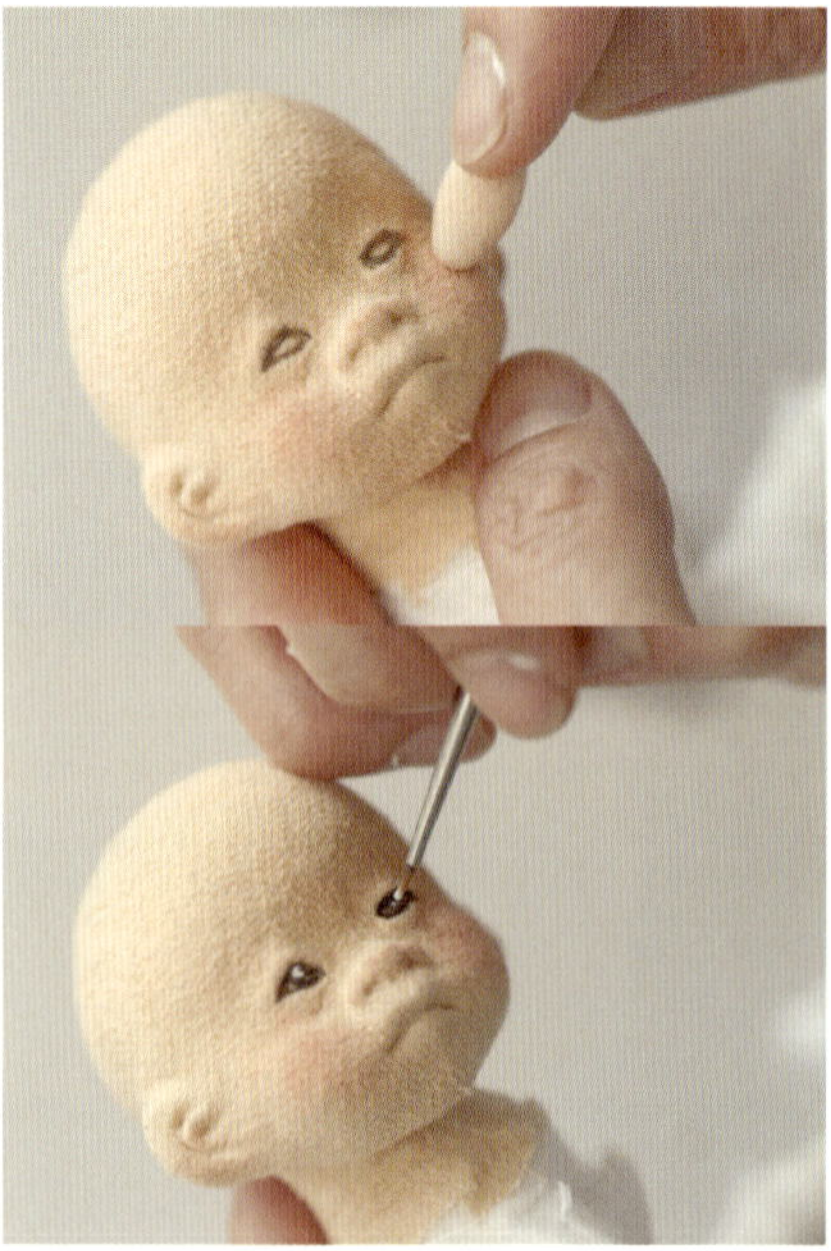

㉑ほお紅をつけ、絵の具で目の輪郭を描く。目の中心は白い色をつける。口紅や眉も引く。

7——下着を着せる

㉒白いジャージー布をボディに当てて、立体裁断の方法でカットしていく。

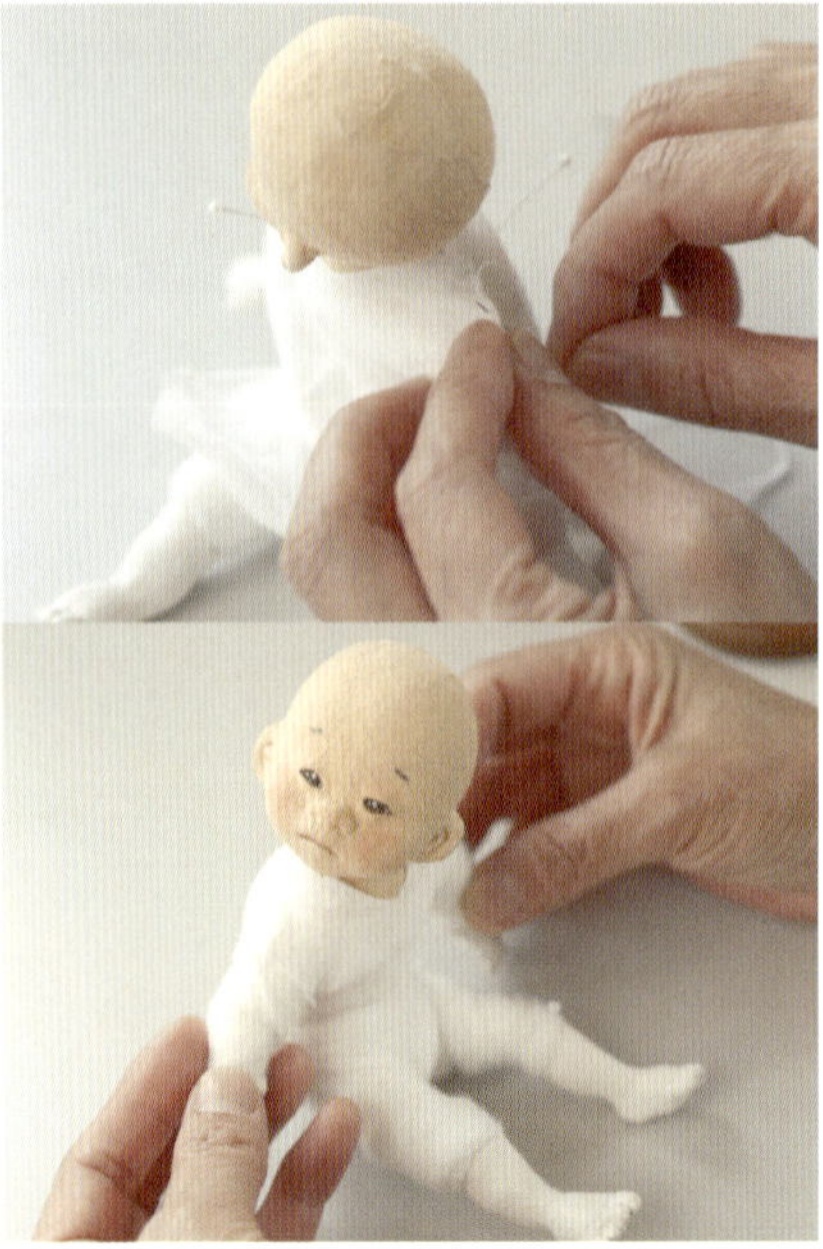

㉓着せたまま縫っていき、全体に下着を着せる。

8 ——服を着せる

㉔シャツやズボンを作る。ボディに布を当てながらカットし、形に縫って着せる。

㉕折り紙の兜（かぶと）と、着物地で作ったちゃんちゃんこを着せる。

あとがき

人の心の奥に入り込んでいく、人形の力に動かされて

私の創作人形をみなさんに見ていただく、「故郷からのおくりもの」全国巡回展がスタートして七年の年月が経ちました。このお話をいただいてから、まずは、見栄えよく会場が埋まるようにと、必死で人形を増やしました。それから、ただ創るだけではなく見応えのある作品にしなければ、とか、もう少し違うテーマを探してみよう、などと、次々に出てくる課題をひとつずつ克服してきたように思います。そんな日々が心の充実につながり、私を大きく成長させてくれました。

ありがたいことに、どの会場にも大勢の人たちが足を運んでくれました。人形に話しかける方も珍しくなく、ときには声をあげて泣いている方を見かけ、私のほうがもらい泣きをすることも。立派なスーツ姿の男性がふと、「私は親不孝をしていて……」と漏らされたり、「これから、おばあちゃんのお墓参りに行きます！」と言ってくれた、キャピキャピの若いお嬢さんもいました。

そういう光景に合うたびに、人形がこんなにも人の心に入り込んでいくなんて、心の奥のほうにあった感情や本質を引き出してしまうなんてと、人形のもつ力の大きさに目を見張ります。たぶんそれは、私が、飾って楽しい人形から一歩進んで、

精神的に深く入り込んだ人形創りを目指した結果だと思います。

　私の創った人形は、完成したときにはもう私の手から離れ、見に来てくれる人のものになっているのです。

　今、二〇〇体からの人形がありますが、そのどれか一つでも、自分の大切な家族を思わせる人形があれば、そこに思いを重ねられる何かが宿っているのなら、何度でも会いに来てくれる……。私は私でその都度、心に響いてきた作品を創ってきましたが、そこには自ずと、そうしたみなさんの気持ちがこもっているのだなと、この頃、はっきりと自覚するようになりました。このことは私に、人形創りの楽しみをもたらし、生き甲斐にもなっています。

　平成二十二年の春には、長野県飯山市に「高橋まゆみ人形記念館」がオープンします。同時に、全国巡回展は一段落しますので、人形たちを少し休ませ、また新たな気持ちで歩み出すことになるでしょう。今度はもう少し、年中行事など季節感を出す展示をしよう、などと、人形館ならではの構想を練っているところです。ぜひとも、風光明媚な飯山へ、私の人形たちに会いに来てください。

　これからも、心と手の動きのままを人形に託し、人をいとおしむ気持ちや、辛さを乗り越える喜びをみなさんとともに分かち合いたいと願っています。

平成二十一年十月　　　　高橋まゆみ

高橋まゆみ

昭和31年、長野県長野市生まれ。結婚後は長野県飯山市に住み、子育てのかたわら、人形創りを始める。平成10年、ユザワヤ創作大賞・部門大賞を受賞。翌11年、新世紀人形展・佳作入選。13年、日本手工芸美術展会長賞を受賞。15年から22年まで、「故郷からのおくりもの」実行委員会プロデュースの全国巡回展を開催。各地で大きな反響を呼ぶ。22年、飯山市に「高橋まゆみ人形館」がオープン。著書に『草の道』『高橋まゆみ 人形出会い旅』などがある。

●初出誌
月刊『清流』二〇〇七年六月号〜二〇〇九年四月号

●人形撮影
嶺村 裕（Creative Design Workshop）
長野県の白馬に生まれ、スポーツ、スタジオカメラマンを経て、平成14年より高橋まゆみ創作人形の撮影にたずさわる。

●その他撮影（人物、風景、P100〜P107）
中川まり子

●編集協力
山中純子

にんげん万歳! 愛と哀の人形世界

二〇〇九年十一月十三日〔初版第一刷発行〕
二〇二三年　六月　八日〔初版第七刷発行〕

著者　高橋まゆみ

発行者　松原淑子

発行所　清流出版株式会社
東京都千代田区神田神保町三-七-一　〒一〇一-〇〇五一
[電話]〇三(三二八八)五四〇五
https://www.seiryupub.co.jp/

印刷・製本　シナノパブリッシングプレス

ISBN978-4-86029-311-6

「もしも」に備える食

災害時でも、いつもの食事を

宮城大学　食産業学部准教授
石川伸一
●
管理栄養士　日本災害食学会災害食専門員
今泉マユ子

本体 1500 円 + 税

突然やってくる地震や災害。危険から身を守ったあと、
生きるために必要なのが防災食です。
不安を安心に変える「備える食」の具体的な方法を紹介。